MANON LESCAUT,

Ballet-Pantomime

EN TROIS ACTES,

PAR M. Scribe

MUSIQUE COMPOSÉE PAR M. HALEVY,

DÉCORS DE M. CICÉRI.

REPRÉSENTÉ POUR LA PREMIÈRE FOIS,

SUR LE THÉATRE DE L'ACADÉMIE ROYALE DE MUSIQUE,

LE 30 AVRIL 1830.

PARIS.

BEZOU, LIBRAIRE,

SUCCESSEUR DE M. FAGES,

AU MAGASIN DE PIÈCES DE THÉATRE, BOULEVARD S.-MARTIN, N. 29,

VIS-A-VIS LA RUE DE LANCRY.

1830

PERSONNAGES.	ARTISTES.

MANON LESCAUT. — Mme MONTESSU.

DES GRIEUX, commis aux aides. — M. FERDINAND.

MARGUERITE, ~~confidente de~~ Manon. — Mlle ROLAND.

LE MARQUIS DE GERVILLE, colonel. — M. MONTJOIE.

SANS-REGRET, caporal recruteur. — M. MÉRANTE.

JOLIVET, garçon traiteur. — M. DESPLACES.

Mlle CAMARGO, — Mlle LEGALLOIS.

Mlle SALLÉ, } danseuses de l'Opéra. — Mme ÉLIE.

Mlle PETIT-PAS, — Mlle BURON.

RECRUTEURS DE DIFFÉRENS CORPS.

MM. Grenier, Provost, Callant.

UNE RECRUE.

M. Élie.

JEUNES SEIGNEURS.

MM. Leblond, Mazillié.

IMPRIMERIE DE E. DUVERGER,
RUE DE VERNEUIL, N° 4.

DANSE ET PERSONNAGES,

ACTE PREMIER.

JEUNES SEIGNEURS.

MM. L'Enfant 1er, L'Enfant 2e, Olivier, Guiffard, Millot, Josset.

VIEUX MARQUIS.

MM. Seuriot, Faucher.

FINANCIERS.

MM. Vincent, Chatillon.

PRÉSIDENS.

MM. Capelle, Péqueux, Cornut.

PETITS CHEVALIERS DE MALTE.

MM. Gatineau, Paul.

PETITES COMTESSES.

Mlles Adèle, Lepetit.

PAGES.

MM. Adrien, Alexandre.

NÈGRES.

MM. Édouard, Émile.

JEUNES DUCHESSES.

Mmes Chamet, Fitzjames, Moneret.

VIEILLES DUCHESSES.

Mmes Tampur, Jacques.

UNE VEILLEUSE.

Mme Lecomte.

UNE MARCHANDE DE PLAISIR.

Mlle Mori.

UN MARCHAND DE BIJOUX.

M. L. Petit.

Idem.

MM. Lenoir, Ragami.

GOUVERNEURS DE JEUNES SEIGNEURS.

MM. Mérante jeune, Saxoni 1er.

BONNES D'ENFANS.

Mmes Ropiquet, Chavigni, Maison-Neuve, Jenny.

BOURGEOIS ET BOURGEOISES.

MM. Grosmans, Goudomi, Finard, Saxoni 2e.

Mmes Seuriot 1re, Bassompierre, Lebeau, Coupotte.

GENS DU PEUPLE.

MM. Martin, Chatillon, Carey, Adnet.

Mmes Robin, Alien, Seuriot 2e, Bénard.

ENFANS NOBLES.

MM. Carey, Élie.

Mlles Fitzjames 3e, Julia, Saulnier, Jouve.

ENFANS DE BOURGEOIS.

MM. Mabile 1er, Adolphe.

Mlles Joséphine, Larchet, Félicité.

ENFANS DU PEUPLE.

MM. Armancey, Charles.
Mlles Euphrasie, Maria.

GARDES DU CORPS, GARDES FRANÇAISES.

PERSONNAGES DE L'INTERMÈDE.

L'AMOUR.	Mlle Louisa.
UN BERGER.	M. Barrez.
TRITON.	M. Simon.
FLEUVE.	M. Montessu.
NYMPHE.	Mlle Legallois.
NAYADES.	Mmes Élie, Buron

AMOURS.

MM. Danru, Mabile 2e, Dumilâtre.
Mlles Victorine, Virginie, Ernestine, Baptiste, Carrez.

SYLVAINS.

MM. Petit, L. Petit, Isambert, Bégrand.

BACCHANTES.

Mmes Sirot, Campeau, Saulnier, Guillemain.

BERGERS.

MM. Élie, Rivierre, Desplaces, Aleruce.

BERGÈRES.

Mmes Lemonier, Pauline, Auguste, Delaquit.

DEUXIÈME ACTE.

LE MARQUIS DE GERVILLE.	M. MONTJOIE.
UN PRÉSIDENT.	M. CAPELLE.
SANS-REGRET.	M. MÉRANTE.
DES GRIEUX.	M. FERDINAND.
UN COMMISSAIRE.	M. CHATILLON.
UN VALET DE CHAMBRE.	M. DESPLACES.
UN CAPORAL DU GUET.	M. VINCENT.
UN CAPORAL DE MARÉCHAUSSÉE.	M. GRENIER.
MANON LESCAUT.	Mme MONTESSU.
Mlle CAMARGO.	Mme LEGALLOIS.
Mlle PETIT-PAS.	Mme BURON.
MARGUERITE.	Mlle ROLAND.

JEUNES SEIGNEURS.

MM. Leblond, Mazilli.

FEMMES DE CHAMBRE.

Mmes Bourgouin, Beaucéré.

VALETS.

SOLDATS DU GUET.

MM. Bégrand, Saxoni 2e, Milot, Bretin.

SOLDATS DE MARÉCHAUSSÉE.

MM. Provost, Alerme, Ragaine, Finard.

ACTE TROISIÈME.

MANON LESCAUT.	Mme MONTESSU.
LE CHEVALIER DES GRIEUX,	M. FERDINAND.
LE GOUVERNEUR, LE MARQUIS DE GERVILLE.	M. MONTJOIE.
SYNELET, inspecteur des travaux.	M. AUMER.
RICHARD, porte-clefs.	M. SEURIOT.
NIUKA, esclave de Synelet.	Mlle TAGLIONI.

COMPAGNES DE MANON.

Mmes Lecomte, Monnet, Channet, Leclerq, Bourgouin, Pincepré, Tampier.

NÈGRES.

MM. Guiffard, Grosman, Martin, Péqueux, Chatillon 2e, Gondoin, Cornet, Carey, Scio, Saxoni 1er, Adnet, Mérante jeune.

CRÉOLES.

Mmes Seuriot, Bassompierre, Mori, Lebeau, Picot, Auguste, Lemonier, Pauline, Marivin, Delaquit, Bénard.

INDIENS.

MM. Petit, L. Petit, Élie, Rivière, Isambert, l'Enfant 2e.

INDIENNES.

Mmes Lacroix, Guillemain, Seuriot 2e, Aline, Fitzjames, Saulnier.

NÉGRESSES.

Mlles Cava, Coupotte, Chavigny, Ropiquet, Cœlina,

MATELOTS.

MM. Desplaces, Gaucher, Olivier, Saxoni 2ᵉ, Vincent, Finard.

PAS DE BATONS.

M. Simon, et les nègres du corps du ballet.

PAS DE TROIS.

M. Paul.
Mᵐᵉˢ Noblet, Dupont.

PAS DE DEUX.

M. Lefebvre.
Mˡˡᵉ Taglioni.

FINAL.

Tous les premiers sujets et le corps du ballet.

ÉTAT-MAJOR.

MM. Grenier, Prévost, l'Enfant, Chatillon 1ᵉʳ, Milot, Ragaine.

SOLDATS.

Enfans de l'école de danse, Indiens, Indiennes, Nègres, Négresses.

MANON LESCAUT,

BALLET-PANTOMIME.

ACTE PREMIER.

DÉCORATION.

Le théâtre représente le jardin du Palais-Royal à la fin du règne de Louis XV. A droite, au fond du théâtre, est une porte sur laquelle on lit: *Passage conduisant à l'Opéra;* aux deux côtés de cette porte deux larges affiches de spectacle.

SCÈNE PREMIÈRE.

Au lever du rideau on aperçoit différens groupes de cavaliers et de dames qui se promènent. A gauche, sur le premier plan, Sans-Regret et plusieurs soldats boivent autour d'une table ; debout et à côté d'eux est une recrue qu'ils viennent d'engager. On lui compte le prix de son engagement, et on boit à la santé du roi. On lui met une cocarde blanche à son chapeau.

Des Grieux entre dans ce moment, triste et rêveur. Il regarde autour de lui et a l'air d'attendre quel-

1

qu'un. Il exprime à la fois un violent amour et un profond chagrin ; il va s'asseoir près de la table à droite, et reste la tête appuyée dans ses mains.

SCÈNE II.

Sans-Regret, qui aperçoit son colonel, porte avec respect la main à son chapeau et lui montre la nouvelle recrue. Le marquis le félicite, et se dirigeant vers le traiteur à droite, il appelle.

Le garçon paraît. On lui commande à dîner pour quatre.

Pendant ce temps, Des Grieux, qui a aperçu Manon et Marguerite sa cousine, court à elles. — Enfin te voilà ! Il tire sa montre et indique à Manon qu'elle arrive bien tard. Reproches de Des Grieux. Manon s'excuse. — Ne te fâche pas, me voilà. Tu es bien content, n'est-ce pas ? — C'est vrai; dès que je te vois j'oublie tout. — Il offre son bras aux deux amies, et exprime à Manon tout l'amour qu'il a pour elle. C'est demain que nous nous marions; mon père me pardonne; nous serons heureux. — Manon lui répond à peine. Elle regarde avec curiosité tout ce qui l'entoure. Ces jardins, ces beaux bâtimens. Tout ce monde qui se promène, vois

donc toutes ces dames avec ces belles robes. —
Regarde donc, dit Manon, nous faisons une bien
triste figure, ma cousine et moi avec nos habits de
provinciales. — Qu'importe, dit Des Grieux, moi je
vous trouve jolies, et c'est à moi seul que tu veux
plaire. — Certainement, dit Manon.— Eh bien !
à qui donc fais-tu la révérence ?—A ce monsieur qui
me salue; et elle lui montre du doigt le marquis de
Gerville, qui a aperçu Manon, et qui depuis un
moment lui fait des mines gracieuses et des saluts.
— Comme il est beau ! Des dentelles, un habit à
paillettes ! Quelle différence auprès du tien ! —
Ne le regarde pas, dit Des Grieux. Il presse Manon
contre lui, et la force à tourner le dos au marquis;
mais dans ce moment les autres seigneurs se sont
approchés de Manon et la saluent de l'autre côté.
Elle leur rend leur révérence avec une satisfac-
tion qu'elle ne dissimule pas. Jalousie de Des
Grieux, qui tient toujours le bras de Manon, mais
qui ne peut pas être partout, ni empêcher les sa-
lutations qui l'entourent.

Le marquis s'approche de Manon, lui propose
de lui montrer cette belle promenade et tout ce
qu'elle contient de curieux. Des Grieux se fâche.
Manon boude; la cousine est en colère. Les seigneurs rient et s'amusent.

Le garçon traiteur vient leur annoncer que le
dîner est servi. Ils sortent.

SCÈNE III.

DES GRIEUX, MANON, MARGUERITE.

— Vous voilà! toujours coquette! c'est indigne! c'est affreux! — C'est vous qui êtes jaloux. — Qu'est-ce qui a tort, je m'en rapporte à votre cousine. — La cousine donne tort à Des Grieux. Colère de celui-ci. — Eh bien! dit Manon, calme-toi, je te demande pardon. C'est vrai, je suis légère, coquette, tout éblouit mes yeux, tout me séduit pour un instant... pour un instant seulement; car tout de suite après je reviens à toi; c'est toi seul que j'aime, toi seul qui possède mon cœur et que j'aimerai toujours. Bonheur de Des Grieux, qui la presse contre son cœur. — Puis-je croire à tes sermens? — Oui, je ne penserai jamais qu'à toi, nul autre objet ne pourra me distraire.. .Tiens, regarde donc ce que ce marchand vient nous offrir.

Un marchand, portant un petit coffret, vient le présenter à Manon et à Marguerite.—Voyez, mes belles demoiselles, des beaux colliers, des bracelets, des boucles d'oreilles. — Manon les prend, les regarde, les essaie à son col.—Ah! dit-elle à Des Grieux, que je serais belle ainsi! que je te plairais! — Des Grieux porte la main à sa bourse, veut donner au marchand le peu qui lui reste. Manon, qui voit le geste, l'arrête. — Non ; mon ami , non , ce n'est pas raisonnable. Elle remet en soupirant les bijoux dans le coffret, en lui disant : N'en parlons plus ; je n'y pense plus. — Et cependant elle suit tristement le coffret des yeux, se lève sur la pointe des pieds pour y regarder encore, et soupire de nouveau.

En ce moment passe près d'elle un cavalier et une dame richement habillée; un petit page porte sa queue. Manon regarde la toilette de cette dame, et surtout son mantelet. — Dieux ! dit-elle à Des Grieux et à Marguerite, comme cela m'irait bien un mantelet, et que je voudrais en avoir un ! Nouveau chagrin de Des Grieux. — Non, non, dit Manon, c'était pour rire ; je ne m'en soucie plus , et la preuve c'est que je vais me mettre là avec Marguerite , sur les chaises , à travailler, et sans regarder personne. Elle va s'asseoir à droite avec Marguerite, tournant le dos aux promeneurs.

Les raccoleurs qui ont suivi les mouvemens de Des Grieux, s'approchent de lui , et lui demandent le sujet de son chagrin. Des Grieux, en montrant Manon, leur avoue son amour, sa pauvreté; simple commis aux aides, il n'a pas d'amis qui puissent lui avancer l'argent dont il aurait besoin. — Sans-Regret lui offre une bourse pleine d'or.— Joie de Des Grieux. — Quoi ! vous me prê-

teriez autant d'argent ? — Oui, sur un simple reçu,
et si vous voulez apposer votre signature sur ce
papier ? — Des Grieux, sans se douter d'aucune
surprise, accepte, il signe, reçoit l'argent et entre
avec empressement dans une boutique de nou-
veautés.

SCÈNE IV.

MANON et MARGUERITE, occupées à travailler et
regardant autour d'elles.

— Où donc est Des Grieux? — Manon le cherche
avec inquiétude et tendresse. Elle regarde à droite,
et croit apercevoir le marquis dans le salon du traiteur. — Il est censé la saluer, et elle lui répond par
une révérence. — Que fais-tu donc ? lui demande
Marguerite. — Tu le vois bien, ces messieurs nous
saluent ; il faut être honnête. — Elle oblige éga-
lement Marguerite à leur faire la révérence. Mais
elle leur tourne tout de suite le dos, et aperçoit Des
Grieux qui revient.

SCÈNE V.

LES PRÉCÉDENS, DES GRIEUX.

Il arrive avec un paquet sous son bras et le donne
à Manon : c'est un mantelet comme celui qu'elle a
vu. Manon le déploie avec joie, le met sur ses
épaules, et s'admire. — Quel dommage de ne pas
avoir de miroir!—La voilà mise comme les grandes
dames. Elle en témoigne sa reconnaissance à Des
Grieux, en lui disant : — Je suis mieux ainsi, n'est-
il pas vrai? tu m'aimes davantage. — Il propose
à Manon et à Marguerite de souper chez le traiteur.
— Tu m'attendras ici, Manon ; tu me le jures. —
Oui, sans doute.—Des Grieux entre chez le traiteur.
Manon le suit un instant des yeux, et les détourne
bien vite pour regarder encore son beau mantelet.

SCÈNE VI.

MANON, MARGUERITE, LE MARQUIS DE GERVILLE ET
SES COMPAGNONS, sortant de chez le traiteur.

Ils sont en gaîté ; ils aperçoivent les deux jeunes
filles et redoublent pour elles des galanteries. Com-
plimens à Manon sur sa nouvelle parure. — Vous

êtes encore plus jolie ainsi ; mais des femmes ne peuvent rester seules dans ce jardin sans être remarquées ; daignez accepter notre bras. — Non, monsieur. — Pour vous promener seulement. — Non, monsieur, dit Manon. — Adieu donc, mesdemoiselles ; nous sommes forcés de vous quitter ; nous allons à l'Opéra. Et il lui montre le passage qui y conduit, et les deux grandes affiches. — Vous allez à l'Opéra ? que vous êtes heureux ! — Vous ne le connaissez pas ? — Eh ! mon Dieu ! non ; mais j'en ai bien entendu parler. — N'est-ce pas là qu'il y a des personnes qui chantent, qui font des grands bras, et puis d'autres qui font des révérences et qui dansent des menuets ? — Précisément. — Oh ! que ce doit être beau ! n'est-ce pas, cousine ? et que je voudrais voir cela ! — Nous serions trop heureux de vous y conduire, dit le marquis ; mais il n'y a pas de temps à perdre. Dépêchons-nous, car on va commencer. — Oh non ! je ne puis ; j'attends Des Grieux, mon futur, mon mari ; je lui ai promis de rester ici. — Mais songez donc que lui ne peut pas vous mener à l'Opéra. — Le marquis et ses amis entourent Manon. — Vous allez entendre du chant ; vous verrez des menuets ; et des déesses dans des nuages ; et des diables qui viennent de l'enfer ; et des belles dames avec leurs parures ; et nulle ne sera plus jolie que vous.

Pendant ce temps, Manon s'est bouché les oreilles

pour ne pas entendre; puis elle ôte une main , puis deux , puis elle écoute attentivement. On voit qu'elle hésite, qu'elle balance. Elle regarde. Des Grieux ne vient pas, il ne paraît pas. Le marquis la presse de nouveau. La curiosité, la coquetterie, l'emportent. — Si j'y allais un instant, cousine? — Y penses-tu? lui dit Marguerite, et Des Grieux qui va venir; quelle idée aura-t-il? — Je serai revenue; et puis tu resteras ici : tu lui diras que je suis à l'Opéra; que je penserai à lui. — Il sera désolé. — Non, tu seras là; tu es si gentille, si aimable; tu le consoleras. Tu lui parleras de moi; cela l'empêchera de s'ennuyer. Tiens, donne-lui mon bouquet, ça lui tiendra compagnie. — En ce moment le marquis tire sa montre. — On va commencer; venez, partons. — Il entraîne Manon, qui le suit en courant.

SCÈNE VII.

MARGUERITE, seule, puis DES GRIEUX.

— Voyez-vous, dit Marguerite, a-t-on idée d'une pareille tête? Abandonner celui qu'elle aime pour aller à l'Opera !

Arrive Des Grieux, joyeux et content. — Eh bien! ou est donc Manon? Elle est partie. —

Partie! dit Des Grieux avec émotion, partie toute seule? — Non, avec quelqu'un. — Et qui donc? — Avec ce marquis, ce colonel, ce beau jeune seigneur, qui ce matin l'a saluée. — Il l'a enlevée? — Eh! non, c'est d'elle-même, de plein gré, ils sont allés tous deux ensemble à l'Opéra. — Quelle indignité! me trahir à ce point. — Mais non, elle t'aime toujours; elle pense à toi; et voilà son bouquet qu'elle te donne enson absence pour la remplacer. — Je n'en veux point; c'est une perfide que je punirai! Mais, grace au ciel, il me reste encore de l'argent: c'est mon dernier écu; je veux l'employer pour la surprendre avec mon rival, pour la confondre, pour l'accuser aux yeux de tous.

Prêt à partir il est arrêté par Sans-Regret et les autres recruteurs qui viennent le chercher. Ils lui mettent sur la tête un chapeau d'uniforme et lui présentent l'engagement qu'il a signé, et au nom du roi ils lui ordonnent de les suivre. Étonnement de Des Grieux; il demande à Sans-Regret de lui accorder un seul instant, et lui promet de venir le rejoindre. Refus de Sans-Regret. Alors Des Grieux, n'écoutant que sa jalousie et son désespoir, renverse tous ceux qui s'opposent à sa sortie, s'élance par le passage qui mène à l'Opéra et disparaît.

SCÈNE VIII.

Le théâtre change et représente la salle et le théâtre de l'Opéra, tels qu'ils étaient alors. A droite et à gauche sont des banquettes sur lesquelles viennent s'asseoir les seigneurs de la cour. On remarque parmi eux les amis du marquis de Gerville. Debout, et de chaque côte de l'avant-scène, est un garde-du-corps en grande tenue. A gauche et à droite, deux loges d'avant-scène.

Le théâtre représente un paysage; un petit temple en style de l'époque. Peinture de Boucher et de Watteau.

LE MARQUIS et MANON, paraissant dans la loge à droite, dont on baisse la grille.

Manon s'avance le corps hors de la loge et contemple le spectacle nouveau qui s'offre à ses regards; elle aperçoit les amis du marquis de Gerville qui la saluent et qu'elle salue aussi. Le chef d'orchestre frappe de son archet. Le spectacle commence.

SCÈNE IX.

PREMIÈRE ENTRÉE DE BALLET.

Des bergers et des bergères avec de la poudre, des mouches et des rubans, viennent faire une offrande au temple de l'Amour. Sur un air de Rameau, mademoiselle Camargo exécute un pas seule. Les jeunes seigneurs lorgnent et applaudissent. Manon qui suit tous les mouvemens des danseuses, applaudit encore plus fort. Et à plusieurs passages de la musique de Rameau, quelques dilettanti des banquettes se pâment de plaisir et se renversent sur leurs voisins.

SCÈNE X.

SECONDE ENTRÉE.

Mademoiselle Sallé et mademoiselle Petit-Pas, habillées en naïades indifférentes, dansent une gigue et vont se livrer aux plaisirs du bain, lorsqu'elles sont surprises par deux fleuves amoureux qui soupirent pour elles et qui entrent couronnés de roseaux et tenant sous leurs bras leur urne qu'ils mettent aux pieds de leurs inhumaines. Elles veulent fuir et sont arrêtées par les fleuves, qui les enlacent de guirlandes de joncs. En ce moment les bergers et les bergères sortent du temple de l'Amour ; la vue de ces couples heureux touche les naïades indifférentes ; elles sont émues, elles se laissent entraîner dans le temple de l'Amour.

À ce moment on entend un grand bruit. Tout le monde se lève.

SCÈNE XI.

LES PRÉCÉDENS, **DES GRIEUX**, se débattant contre ceux qui veulent l'arrêter.

Il s'élance sur le théâtre et aperçoit dans la loge à droite Manon et le marquis. Il les menace et veut s'avancer vers eux. Mais les deux gardes-du-corps, les archers s'élancent sur lui. Manon l'aperçoit, jette un cri et tombe évanouie. Les seigneurs se lèvent et quittent leurs banquettes.

Les bergers, les bergères, les naïades et les fleuves sont confondus avec le public. Manon sans connaissance est emportée hors de sa loge. Des Grieux est entraîné en prison par les archers, et tout le monde sort dans le plus grand désordre. La toile tombe.

FIN DU PREMIER ACTE.

ACTE DEUXIÈME.

DÉCORATION.

Le théâtre représente un salon très élégant; à droite, sur le premier plan, un cabinet de toilette qui est vitré; sur le second plan, une croisée.

SCÈNE PREMIÈRE.

LE MARQUIS, MANON, évanouie.

Le marquis donne des ordres à ses gens, et fait tout préparer pour le souper qui doit avoir lieu chez lui.

On apporte Manon à moitié évanouie. On la place sur un fauteuil. On ouvre la croisée à droite, et peu à peu Manon revient à elle. Elle regarde d'un air étonné ce riche appartement, ces meubles élégans; elle cherche à se rappeler ce qui lui est arrivé. Elle aperçoit le marquis et court à lui. — Ou suis-je? — Chez moi, ma belle enfant. Au moment où vous avez perdu connaissance, je vous ai fait transporter par mes gens dans ma voiture et l'on vous a amenée ici, où tous les soins vous ont été prodiguées. — Manon le remercie et lui témoigne sa reconnaissance. — Mais Des Grieux, ou est-il? — Rassurez-vous, on lui dira que vous êtes ici, et comme il n'y a pas d'inquiétude à avoir vous ferez aussi bien de l'attendre. — Je ne demande pas mieux. — J'ai ce soir un souper, un bal, où je n'attends que des jolies femmes, vous voyez que vous êtes invitée d'avance. — Un bal! dit Manon. — Oui sans doute. — Et je pourrai y danser avec Des Grieux? — Avec lui, avec moi, avec tout le monde. — Manon est ravie. — Tout disparaît; tout est oublié; elle ne pense plus à rien qu'au bal qui lui est promis.

SCÈNE II.

LES PRÉCÉDENS, MADEMOISELLE CAMARGO, MADEMOISELLE PETIT-PAS, DEUX SEIGNEURS, UN PRÉSIDENT, qui leur donnent la main.

Ils se rendent à l'invitation du marquis et viennent le saluer; les deux seigneurs causent avec Manon, tandis que le marquis et le robin adressent leurs hommages aux deux dames et leur font compliment sur la manière dont elles ont dansé le soir à l'Opéra.

SCÈNE III.

LES PRÉCÉDENS, SANS–REGRET, qui demande à parler à son colonel.

—Que me veux-tu?—On vient d'arrêter un de vos soldats—Un de mes soldats! et qui donc?—Un jeune homme que nous avons engagé ce matin; tenez, voyez plutôt; voilà son engagement signé par lui et que je vous remets. —Le marquis regarde la signature et fait un geste d'étonnement.—Quoi! c'est Des Grieux, l'amant de cette petite?

Manon se doutant qu'il s'agit de Des Grieux court au marquis. — Qu'est-il devenu? qu'y a-t-il? — Rien, mon enfant, vous pouvez être tranquille. — Il met dans sa poche l'engagement de Des Grieux. —Vous le reverrez bientôt, je vous le jure. — Sans-Regret, viens avec moi; j'ai à te parler. — Mesdames, je suis à vous dans l'instant, je vous confie ma petite protégée. —Il sort avec Sans-Regret.

SCÈNE IV.

MADEMOISELLE CAMARGO ET MADEMOISELLE PETIT-PAS,
LES DEUX SEIGNEURS ET MANON.

Manon, qui admire les toilettes et les graces de ces dames, leur témoigne son admiration. — Simple provinciale, elle rougit de son peu d'usage et voudrait bien avoir leurs belles manières.

On apporte la toilette, des habits et des bijoux pour Manon. On la pare. Les dames lui proposent de lui donner une leçon, que Manon accepte de grand cœur. On lui apprend à marcher, à se tenir, et surtout on lui enseigne la manœuvre de l'éventail, la manière dont on le déploye, dont on le met devant ses yeux, lorsqu'on veut apercevoir quelqu'un sans en être vue; ou bien quand on vous adresse un compliment ou une déclaration, et qu'il est de rigueur de cacher son trouble ou sa rougeur. Pour mieux faire comprendre à Manon, un des seigneurs prend la main de mademoiselle Camargo, et la porte à ses lèvres. Celle-ci la retire vivement et met son éventail devant ses yeux. Manon, qui a pris l'éventail de mademoiselle Petit-Pas, exécute avec

3

grace tout ce qu'on vient de lui enseigner. Le robin
qui était près de mademoiselle Camargo, prend
aussi la main de Manon, qu'elle veut retirer ; mais
on lui dit : — C'est pour répéter. — Elle se laisse
baiser la main, et porte son éventail contre sa joue,
puis se retourne vers mademoiselle Camargo, en
ayant l'air de lui dire : Est-ce bien comme cela ?
— Mais ce soir, à ce bal, comment ferez-vous ? lui
disent ces demoiselles.—Comment je ferai ? comme
à notre petite ville.—Et elle danse un pas très vif et
très animé.—Du tout, du tout, lui disent ces dames
en l'interrompant, ce n'est pas cela, c'est commun.
Voilà ce qui est de bon ton.—Et elles dansent un
menuet ou une danse grave.—A la bonne heure ; je
le veux bien ; apprenez-moi.—On lui met les pieds
et les poignets en dehors, et on lui donne une leçon
de menuet ; mais elle a une peine infinie ; elle est gauche, maladroite et ne peut en venir à bout. A chaque
instant elle s'interrompt pour sauter en l'air et battre
un entrechat ; et puis quand elle rencontre un regard
de ses deux maîtresses de danse, elle reprend tout de
suite l'air sérieux. — Tenez, vous ne ferez jamais de
moi une bonne écolière. Dansons chacune à notre
manière, cela vaut bien mieux.

Pas de cinq. — L'orchestre joue à la fois un air
de menuet et un air villageois très vif. Mademoiselle
Petit-Pas, mademoiselle Camargo, et les deux sei-

gneurs dansent un menuet tandis que Manon danse à sa manière et forme différens groupes avec les quatre autres danseurs ; le robin regarde ce tableau et applaudit.

SCÈNE V.

LES PRÉCÉDENS, MARGUERITE.

Marguerite entre toute effrayée. Elle cherchait Manon de tous les côtés ; elle a appris par le caporal Sans-Regret, qu'on l'avait transportée dans cette maison. —Oui, lui dit Manon, me voilà, ne crains rien. — Ce n'est pas pour vous que je tremble, c'est pour Des Grieux, que j'ai vu passer ; il était en uniforme. — En uniforme ! dit Manon.— Oui, il est soldat, et il va partir. — Désespoir de Manon. Je cours le rejoindre ; nous fuirons ensemble. —Y penses-tu ! il serait poursuivi comme déserteur. — Comment faire ? Comment le délivrer ?

SCÈNE VI.

LES PRÉCÉDENS, LE MARQUIS.

Manon l'aperçoit, et se précipite à ses pieds. — Sauvez celui que j'aime. — J'ai tenu ma promesse ; je l'ai réclamé, je l'ai fait sortir de la prison où il

était, pour avoir troublé le spectacle. — Oui ; mais
il est soldat ; il va partir se faire tuer ; faites-lui avoir
son congé, sa liberté ! — C'est plus difficile ; mais
cela dépend de vous. — De moi ? — Oui, et je ne
vous demande pour cela qu'un moment d'entretien.
— Il fait signe à Marguerite de sortir, et il prie les
seigneurs, les dames et le robin de l'excuser ; un évé-
nement imprévu fait que son bal n'aura pas lieu.
— C'est bien, c'est bien, lui répondent ses amis,
qui se retirent discrètement.

SCÈNE VII.

MANON, LE MARQUIS.

Le marquis tire de sa poche l'engagement de Des
Grieux, le montre à Manon, et lui dit : — Vous
le voyez, c'est moi qui suis son colonel, et si je
le veux, il va partir, s'éloigner à jamais. — N'en
faites rien, déchirez cet écrit. — Je ne le puis,
car Des Grieux est mon rival. Je vous aime, je
vous adore, je le jure à vos pieds. — Mouvement de
surprise et de joie de Manon. — Eh bien ! si vous
m'aimez, vous devez m'obéir et faire tout ce que je
vous demande. — J'y consens ; mais à une condi-
tion, c'est que vous m'aimerez un peu. — Manon refuse. — Eh bien ! tout ce que je vous demande,
c'est de vouloir bien accepter cet hôtel, ces bijoux,

ces parures ; et je ne veux, je n'exige rien que d'être
le premier de vos esclaves. — Bien vrai ? — Pas
davantage, je le jure ! j'attendrai tout du temps
et de mon respect ; je ne veux rien devoir qu'à la
reconnaissance. Manon jette sur lui un regard d'a-
mitié et de confiance. — Mais, ajoute le marquis,
j'exige aussi que vous nerevoyiez plus Des Grieux.
— C'est impossible ; je ne puis vivre sans lui. —
Eh bien ! vous le voulez, il va partir, quitter son
pays, se faire tuer, et vous en serez cause. — Moi
causer sa mort ! — Elle court après le marquis,
l'arrête, le supplie. — Je vous l'ai dit, son sort
est entre vos mains ; prononcez ! — Manon au
désespoir ne sait querésoudre, que faire ; elle voudrait, et n'ose se prononcer. — Manon, je vous en
supplie ! pour votre bonheur, pour le sien... Vous
ne balancez plus ; vous me jurez d'être à moi, de
ne plus le voir ? — Manon troublée, hors d'elle-
même, voit le marquis à ses genoux ; elle détourne
les yeux, et se soutenant à peine, elle lui dit : —Eh
bien ! oui ! —et elle cache sa tête dans ses mains.

En ce moment on entend un commencement d'o-
rage. N'importe, le marquis, au comble de la joie,
sort à l'instant même pour empêcher Des Grieux de
partir et pour rompre son engagement. Mais aupara-
vant il appelle ses gens, leur commande pour le
soir un petit souper pour deux personnes. Il va re-
venir, et leur montrant Manon, il leur dit : — C'est

elle qui maintenant est la maîtresse de ces lieux ; ce n'est plus à moi, c'est à elle seule que vous obéirez. — Et il sort. Pendant la scène suivante les domestiques du marquis apportent une table, deux couverts et sortent.

SCÈNE VIII.

MANON, paraît plongée dans sa douleur.

Elle est restée assise près de la table et regarde autour d'elle avec effroi. Ses yeux s'arrêtent sur les parures qui sont placées sur la table à côté d'elle.

Elle les contemple avec tristesse, avec indifférence. Puis son regard s'anime peu à peu ; elle sourit ; elle aperçoit un riche mantelet en dentelle blanche, fait un geste de joie et va pour l'essayer ; puis tout à coup elle pense à celui que Des Grieux lui a donné le matin. Ce petit mantelet noir qui lui a coûté si cher. Elle laisse tomber celui qu'elle tenait et va prendre l'autre, qui est resté sur un fauteuil.

Elle le serre contre son cœur, le porte à ses lèvres ; mais elle écoute, elle entend l'orage qui a continué et qui augmente ; la pluie tombe par torrens ; elle va pour fermer la fenêtre qui est restée ouverte. Des Grieux s'y présente, et saute dans l'appartement.

SCÈNE IX.

MANON , DESGRIEUX ; il est en petit uniforme de soldat.

Il est pâle et hors de lui-même. Manon recule avec effroi; puis le regarde, le reconnaît, pousse un cri de joie et court à lui les bras ouverts. Il la repousse.— Quoi! c'est vous, Manon, c'est vous que je retrouve! Que faites-vous ici? — Ici, je suis chez moi, tout ici m'appartient; tout cela est à moi; ou plutôt c'est à toi, je te le donne. — Que voulez-vous dire? profiter de pareils bienfaits! Vous allez tout quitter, tout abandonner; me suivre à l'instant, ou je ne vous revois de ma vie, et je vais me faire tuer loin de vous.—Peux-tu croire que j'hésiterais!

Elle repousse ces parures qu'elle regardait tout à l'heure; remet son mantelet noir, et semble lui dire: — Maintenant, je suis à toi; viens! partons!

Mais l'orage éclate dans toute sa force, et Manon effrayée s'arrête; Des Grieux lui-même craint d'exposer celle qu'il aime à une pareille tempête. —Attendons, dit Manon, dans quelques instans cela sera passé. — Elle regarde Des Grieux avec une tendresse extrême et le voit chanceler de faiblesse.—

Oh ! mon Dieu, dit-elle avec vivacité, la fatigue, l'inquiétude, le besoin peut-être... — Elle appelle avant que Des Grieux ait pu l'en empêcher.

Les domestiques paraissent. Leur étonnement en apercevant Des Grieux. — Que l'on serve à l'instant même le souper.—Des Grieux refuse, veut s'y opposer. Manon répond :—Je le veux, et nous partirons après, sinon je ne pars plus. Je n'ai pas hésité à vous obéir, obéissez-moi à votre tour. Ce que je vous demande est-il donc si terrible ? souper là, auprès de moi, en tête-à-tête. D'ailleurs nous sommes seuls, personne ne viendra.

On apporte le souper. — C'est bien, dit Manon, sortez, fermez toutes les portes.— Mais, reprend le domestique, si monsieur le marquis venait ? — Je n'y suis ni pour lui, ni pour personne.

Le domestique sort.

SCÈNE X.

MANON et DESGRIEUX.

Manon lui montre la place à côté d'elle.—Mets-toi là.—Mais elle touche son habit; il est trempé par l'orage. — Pauvre garçon ! il y a de quoi le rendre malade.—Elle regarde du côté du cabinet vitré, et aperçoit à travers les carreaux une robe de chambre de Perse à ramage; elle va la prendre et l'offre à Des Grieux qui refuse, mais elle frappe du pied et s'impatiente. — Je le veux, qu'on obéisse. — Des Grieux se soumet; ôte son habit, passe la robe de chambre et se met à table à côté d'elle. — Elle le sert, elle lui verse à boire, elle boit à sa santé. —Il est si doux d'être chez soi, dans son ménage; n'est-il pas vrai?

Dans ce moment on frappe. — Des Grieux s'arrête. — Qu'est-ce donc? — Rien, j'ai défendu ma porte, personne n'entrera; et pour en être plus sure, elle va mettre les verrous à la porte du fond et à la porte à droite. Elle revient près de Des Grieux et tous les deux, ravis, enchantés, continuent leur joyeux souper.

SCÈNE XI.

LES PRÉCÉDENS, à table, LE MARQUIS, à droite dans le cabinet vitré.

Il pousse la porte qui est restée entr'ouverte, et ne revient pas de sa surprise en voyant un étranger dans son fauteuil et dans sa robe de chambre, assis à côté de Manon, et mangeant son souper.

Pendant ce temps les deux amans, qui ne le voient

pas et qui ne s'occupent que de leur bonheur, se
livrent à la gaîté la plus vive. Manon offre à Des
Grieux une assiette de fruits. Il retient la main qui
la lui présente, la presse contre son cœur et la porte
à ses lèvres.

A ce spectacle le marquis n'est plus maître de son
courroux, il sort du cabinet, se présente à leurs yeux.
Surprise des deux amans. Le marquis accable Manon
de reproches. Des Grieux lui demande de quel droit
il ose la traiter ainsi. Le marquis ne lui répond
qu'en courant à la porte qu'il ouvre. Il appelle ses gens
et leur ordonne de jeter Des Grieux par la fenêtre.
Celui-ci qui s'est débarrassé de sa robe de chambre,
saisit son sabre, fait reculer les laquais. Les fers se
croisent ; attirés par le bruit, les voisins, le guet,
le commissaire et Sans-Regret, à la tête de quelques
soldats, sélancent dans l'appartement.

SCÈNE XII.

LES PRÉCÉDENS, LES VOISINS, LE GUET A PIED, LE COMMISSAIRE,
SANS-REGRET, VALETS, etc.

Ils veulent se précipiter entre les combattans,
mais il est déjà trop tard. Des Grieux vient de
porter un coup de pointe à son colonel, qui tombe
baigné dans son sang, et que les jeunes seigneurs
ses amis reçoivent dans leurs bras. Les soldats se

jettent sur Des Grieux, qu'ils désarment et qu'ils arrêtent.

Pendant ce temps le commissaire donne ordre au guet à pied de s'assurer de la personne de Manon et de la conduire à la Salpêtrière pour que de là elle parte pour les Colonies. Désespoir de Des Grieux qui veut la défendre. Manon lui tend les bras et l'appelle à son secours. On l'entraîne; et Sans-Regret montrant l'habit d'uniforme que Des Grieux a quitté à la scène dernière, indique par là que le meurtrier est de leur régiment, qu'il y est engagé et qu'il vient de se battre contre son colonel; mais celui-ci qui est resté dans les bras de ses amis, se soulève à peine, tire de son sein l'engagement de Des Grieux et le déchire en morceaux sans qu'on l'aperçoive, pendant que le guet, les soldats et le commissaire entraînent Des Grieux et Manon de deux côtés différens.

FIN DU DEUXIÈME ACTE.

ACTE TROISIÈME.

La scène se passe quelques mois après en Amérique, à la Nouvelle-Orléans.

DÉCORATION.

Le théâtre représente l'intérieur d'un fort au bord de la mer. A gauche, sur les cinq premiers plans, s'élève un vaste édifice sur la facade duquel sont écrits les mots : *Palais du gouverneur.* Au-dessus un grand cadran qui marque les heures. A droite, sur les trois premiers plans, les portes des prisons. Du même côté, au quatrième et cinquième plans, un bastion formant saillie en dedans. Entre la prison et les bastions, une cloche. Au fond du théâtre, une redoute plantée d'arbres et garnie de canons. Au milieu de la redoute, un espace fermé par une grille, et par lequel on descend à la mer. Sur les derniers plans, et à l'horizon, on aperçoit la pleine mer.

SCÈNE PREMIÉRE.

Au lever du rideau, plusieurs Indiens et Indiennes groupés sur la terrasse ont les yeux fixés sur la haute mer, et semblent attendre l'arrivée de quelque navire. On aperçoit au-dessus de la redoute les mâts de plusieurs barques, qui déjà sont pavoisées. Au-dessus de la grille du milieu , des nègres, des femmes et des enfans sont occupés à dresser un arc de triomphe en fleurs et en feuillages. Ils élèvent un transparent sur lequel est écrit :

LA COLONIE

A

SON NOUVEAU GOUVERNEUR.

Mais l'inspecteur des travaux qui l'examine le trouve mal placé et le fait ôter.

Dans l'intérieur de la cour des nègres et des Indiens sont employés à différens travaux, à préparer des cordages, à tresser des câbles. Plusieurs, attelés à une pièce de campagne, la traînent sur le théâtre, et l'élèvent avec de grands efforts sur la redoute où elle est pointée du côté de la mer. Richard et Synelet, les inspecteurs des travaux, se promènent le bambou à la main, gourmandent les paresseux, frappent ceux qui ne vont pas assez vite.

A droite du théâtre, Manon et plusieurs femmes vêtues en robes d'étoffe commune sont occupées à racommoder des voiles de navire. A gauche, Niuka, jeune esclave de Synelet, tresse un hamac. Elle est fatiguée et voudrait se reposer, mais chaque fois que son maître passe près d'elle elle se remet à l'ouvrage.

Une heure sonne au cadran du palais du gouverneur. Synelet fait un signe à Richard qui sonne la cloche à droite pour annoncer que les travaux peuvent cesser et que les esclaves ont quelques momens de récréation. Sur-le-champ nègres et Indiens abandonnent leurs travaux et se mettent à danser. Niuka veut faire comme eux; elle a déja pris une espèce de mandoline qui est à côté d'elle, et se prépare à en jouer en dansant. Synelet le lui défend : — Vous n'avez rien fait, vous n'avez pas fini votre ouvrage; je vous ordonne de travailler et vous défend de danser, ou sinon... —Il sort en la menaçant.

SCÈNE II.

DIVERTISSEMENS.

Tandis que les nègres et les Indiens se livrent à la joie, Manon triste et pensive regarde la mer, semble désigner de la main les côtes de la France, pense à son pays, à Des Grieux. — Où est-il? tout m'a abandonné. Je suis seule ici... pour souffrir et pour pleurer.... — Elle met sa tête dans ses mains et reste absorbée dans ses réflexions.

Pendant ce temps Niuka se lève doucement; elle n'aperçoit plus son maître, abandonne son ouvrage, et va danser avec les autres. C'est elle qui bientôt est la plus animée, et le plaisir lui fait oublier ses craintes.

SCÈNE III.

LES PRÉCÉDENS, SYNELET, qui rentre.

Les esclaves qui l'aperçoivent cessent un instant leurs jeux. Mais Niuka qui ne l'a point vu continue seule à danser. En vain Manon qui est sur le devant du théâtre cherche à lui faire des signes et à l'avertir que son maître est là ; Niuka est trop animée pour rien apercevoir. Synelet se présente à ses yeux et lève sur elle son bambou. Saisie d'effroi, elle s'arrête et tombe à ses genoux. Synelet veut la battre, Manon arrête son bras, et le supplie de pardonner à Niuka. Il refuse. Manon le menace de porter ses plaintes au nouveau gouverneur qu'on attend et qui le punira de sa cruauté. Synelet furieux se retourne vers Manon qu'il menace à son tour ; et qui lui répond : —Que cela retombe sur moi si vous voulez, mais à elle faites-lui grace. — Synelet étonné examine Manon que jusqu'à présent il avait à peine regardée. Elle lui plaît. Il s'adoucit, pardonne à Niuka qu'il renvoie à son ouvrage, et s'approche de Manon pour lui faire la cour.

SCÈNE VI.

Une barque dont on ne voit que les mâts paraît au fond du théâtre. Sur les huniers sont trois matelots ou soldats qui indiquent de la main qu'on aperçoit une voile à l'horizon. Tout le monde court sur la redoute pour s'en assurer; et les matelots s'élancent de la barque sur la redoute et de là descendent dans la cour de la forteresse par les quatre ou cinq marches qui y conduisent.

Un des matelots annonce à Synelet que la frégate qui amène le gouverneur est en rade et débarquera avant une heure.

Des Grieux, enveloppé d'une capote de soldat, est introduit furtivement par un des marins. Il regarde autour de lui. Il cherche des yeux celle qu'il espère rencontrer. C'est elle, il la reconnaît. De son côté Manon aperçoit Des Grieux et lui tend les bras; mais en ce moment Synelet donne l'ordre à Richard de faire rentrer les détenus. Pour lui il va faire tout disposer pour la réception du nouveau gouverneur. Tout le monde sort. On enferme les compagnes de Manon dans la seconde prison à droite. Pour Manon, et sur un ordre de Synelet, Richard la renferme seule dans la première prison. Elle jette sur Des Grieux un regard d'amour et de douleur et disparaît.

Ils se sont vus, mais ils n'ont pu s'approcher; ils n'ont pu se parler.

SCÈNE V.

DES GRIEUX, RICHARD.

Tout le monde est sorti; il ne reste dans la cour de la forteresse que Des Grieux, content et malheureux à la fois, et Richard le sous-inspecteur, qui vient de fermer à double tour la porte de la prison où est Manon. Des Grieux s'approche de lui, et lui demande à mains jointes une faveur; c'est de pouvoir parler quelques instans à une des prisonnières.—C'est impossible, c'est défendu. — C'est pour un motif de la plus haute importance; il y va de ma vie. — Quel est donc ce motif?—C'est que je l'aime, c'est que j'en perds la raison; c'est que je vais mourir, si je ne la vois pas. — Amoureux! dit Richard en levant les épaules; ces motifs-là n'ont point de valeur chez nous; allez-vous-en, retirez-vous, ou j'appelle un factionnaire. — Non, dit Des Grieux, vous ne me réduirez pas au désespoir. Laissez-moi lui parler quelques instans. — Puis montrant du bout du doigt le cadran.—Cinq minutes seulement, et tout ce que

5

je possède est à vous. — C'est différent ! on peut s'entendre. — Des Grieux tire de sa poche trois pièces d'or. — Trois pièces d'or pour cinq minutes d'entretien ! à la bonne heure, j'y consens à ce prix. — Joie de Des Grieux, qui embrasse Richard, le serre contre son cœur. — Mais je ne vous donne point une seconde de plus. — Il va ouvrir la première porte à droite.

Dans toute cette scène Niuka intercède auprès de Richard en faveur de Des Grieux.

SCÈNE VI.

LES PRÉCÉDENS, MANON, qui sort de la prison.

Elle aperçoit Des Grieux et court se jeter dans ses bras. Niuka qui les a réunis sort pour guetter le retour de Synelet. Richard va se mettre en face du cadran, comptant les minutes, tandis que les deux amans causent ensemble.

— Manon, chère et adorée Manon ! c'est toi que je revois ! à quel état ils t'ont réduite ! Quel changement, grand Dieu ! — Mon cœur du moins est toujours le même, il ne pensait qu'à toi, à toi dont j'ai causé la perte. — Ah ! ne parlons plus de cela, le malheur efface tout, tout est pardonné. J'ai encore des forces contre l'infortune, puisque tu m'aimes toujours. — Si je t'aime ! Cet amour-là ne finira qu'avec moi, qu'avec ma vie. Il embellit tout à mes yeux, et dans ce moment, avilie, déshonorée, couverte de la livrée de l'infamie, je ne pleure plus, je suis heureuse ! je suis dans tes bras. — Et moi donc ! Oui, toujours, toujours unis, rien ne pourra nous séparer.

Richard se lève et s'approche. — Il faut vous quitter : les cinq minutes sont expirées. — Ah ! quelle cruauté ! s'écrient les deux amans ; encore un instant. — Non ; le devoir avant tout. — Je t'en supplie. — Je n'écoute rien. Rentrez. — Des Grieux tirant sa montre, jette un cri de joie et la met vivement dans la main de Richard. — Encor cinq minutes, prends, je te la donne ; laisse-moi mon bonheur ! — et il court dans les bras de Manon.

Richard va se mettre à la même place vis-à-vis le cadran, et les deux amans se rapprochent. — Comment as-tu pu me retrouver ? — J'ai su que tu étais partie pour cette colonie ; j'ai tout vendu, je me suis embarqué, décidé à tout entreprendre pour te revoir, pour te délivrer. — Ah ! que d'amour ! et moi qui gémissais ce matin, qui croyais que tout m'avait abandonné. — Moi t'abandonner ! jamais ! mon sang, ma vie, tout est à toi ! ou je périrai, ou je t'arracherai de ces lieux. — Non, non, ne t'expose pas, je ne le veux pas. — A ce moment paraît Niuka toute effrayée.

SCÈNE VII.

LES PRÉCEDENS, NIUKA.

Elle indique par ses gestes que Synelet se dirige de ce côté. — Il est sur mes pas ! je l'entends ! le voici ! — Richard fait signe à Des Grieux de s'enfuir par la redoute du fond, ce qu'il exécute sur-le-champ. Niuka se remet à travailler à son hamac, qui est accroché derrière la porte de la prison, et Richard prend Manon par la main pour la faire rentrer. Synelet paraît ; il lui fait signe de ne point enfermer Manon, à qui il veut parler, et donne ordre à Richard de s'éloigner.

SCÈNE VIII.

SYNELET, MANON, NIUKA, plus loin derrière eux, travaillant à son hamac.

Synelet d'un air rude fait signe à Manon de s'approcher, et lui dit brusquement : — Vous me plaisez. Je vous trouve bien. Je vous aime. — Manon effrayée veut rentrer dans sa prison dont la porte est toujours restée ouverte ; mais Synelet la prend brus-

quement par la main, la fait passer de l'autre côté. —
Si vous voulez m'aimer vous ne rentrerez plus dans
cette prison; vous serez libre; vous viendrez chez
moi. Tous mes esclaves vous obéiront, et vous serez
heureuse. Répondez; voulez-vous? — Manon le repousse avec horreur et ne veut rien écouter. — Ah!
vous me refusez! — Oui, plutôt mourir! — Eh bien!
vous ne mourrez pas et vous m'obéirez. Vous êtes à
moi, vous m'appartenez. — Effroi de Manon. Douleur
de Niuka, qui voudrait et ne peut aller à son secours.
— C'est à moi de disposer de votre sort, et j'aurai
malgré vous ce que je vous priais de m'accorder de
bon gré. — Manon se jette en vain à ses genoux;
il la prend par la main et veut l'entraîner. Dans ce
moment Des Grieux paraît sur la redoute au fond.
Niuka, qui est au fond à droite, lui fait des signes et lui
apprend par ses gestes le danger qui menace Manon.
Il descend vivement l'escalier, arrache Manon des
bras de Synelet et se met entre eux. Synelet furieux
lève son bambou sur son adversaire; mais celui-ci tire
un pistolet de sa poche et l'en menace en avançant sur
lui. — Synelet effrayé recule pas à pas jusqu'à la porte
de la prison qui est restée ouverte, et en reculant
toujours il y entre presque sans s'en apercevoir; mais
Niuka, qui est restée derrière la porte, la pousse à
l'instant, la ferme à double tour; et au comble de la
joie se met à sauter en battant des mains. — Lui pri-
sonnier! lui enfermé! quel bonheur!

SCÈNE IX.

NIUKA, DES GRIEUX, MANON

Niuka court auprès de ses jeunes amis. — Vous avez quelques momens devant vous ; il faut fuir à l'instant ; car après une aventure pareille, ce ne serait plus des coups de bambou qu'on vous donnerait ; on vous tuerait tous les deux. — Effroi de Manon. — Viens, lui dit Des Grieux ; fuyons par le mer.—Non, leur dit Niuka, on vous apercevrait des forts et (montrant les batteries) on tirerait sur vous. Mais par ici (montrant le bastion à droite) personne. Vous sortirez sans être vus et vous vous sauverez dans le désert.—Partons. — Un instant, vous y péririez de chaleur et de faim. — Elle court prendre une calebasse, qu'elle attache par un cordon au col de Des Grieux, prend son voile, qu'elle donne à Manon pour la préserver de la chaleur. Elle va chercher un panier de provisions qu'elle remet à Manon. Des Grieux va regarder le bastion ; il fait signe qu'il est trop élevé pour que Manon puisse descendre. Manon et Niuka lui indiquent les cordages, les câbles qui sont sur le théâtre. Il prend une forte corde, il y fait des nœuds, l'attache autour d'un crochet du bastion, la rejette en dehors le long de la muraille, et vient chercher Manon pour l'emmener. Mais tout à coup

et au moment où Manon et Des Grieux vont enjam-
ber par-dessus le bastion, le soldat se retourne brusquement et les met en joue ; Manon a déjà disparu ;
Des Grieux seul est en vue. Le coup part. Des
Grieux est blessé au bras ; mais il se laisse glisser le
long du bastion et disparaît.

On entend le roulement du tambour. On accourt
de tous côtés ; on ouvre la porte de la prison où est
enfermé Synelet.— Les fugitifs, où sont-ils ? de quel
côté les poursuivre ? dans quelle direction ? — Nuika
indique la mer ou le côté opposé. — Dans ce moment
les canons des forts se font entendre. C'est le gouverneur qui arrive ! le voici ! On aperçoit en mer la frégate
qui arrive à pleines voiles ! Tout le monde sort pour
aller sur le port.

SCÈNE X.

Le théâtre change. Un vaste désert de la Nouvelle-Orléans.

Des Grieux, Manon, se serrent l'un contre l'autre
et avancent avec effroi ; ils regardent s'ils ne sont pas
poursuivis ; mais ils n'aperçoivent rien que le désert
et ses vastes solitudes. Alors se voyant seuls au
monde sans autre appui que leur amour, ils se jettent
dans les bras l'un de l'autre.

Pour un instant du moins tous leurs malheurs

sont oubliés. Manon croit entendre les pas ou les mugissemens des animaux sauvages. Des Grieux la rassure. Il est armé, il la défendra. Harrassés de fatigue, ils ont besoin de repos. Ils s'asséyent sur un banc de sable. Des Grieux est pâle et souffrant. Manon veut le serrer dans ses bras, il fait un geste de douleur, chancelle et perd connaissance. Terreur de Manon. Elle s'aperçoit qu'il est blessé, que son bras est couvert de sang. Mais comment le rappeler à la vie. Elle prend la calebasse qui est suspendue à son cou; elle lui en jette l'eau sur la figure. Des Grieux revient à lui et voit Manon qui lui prodigue des soins; il la remercie, il lui baise les mains, et puis il essaie de se lever; il se sent mieux. Il se lève, et dit à Manon d'en faire autant : il faut encore s'éloigner. Manon le voudrait, mais elle ne le peut; la chaleur et la fatigue l'accablent ; elle éprouve une soif dévorante ; elle voudrait le cacher à Des Grieux, mais celui-ci s'en aperçoit et lui présente la calebasse. O ciel ! il n'y a plus d'eau, tout est épuisé ! Désespoir de Des Grieux. Manon le rassure, le calme, essaie de sourire, elle n'a plus soif, elle a recouvré ses forces; pour le prouver elle se lève ; elle fait quelques pas; mais elle ne peut se soutenir ; elle tombe un genou en terre.—Mes forces me trahissent. Va-t-en, laisse moi. — Moi t'abandonner ! non, cette terre nous servira à tous deux de tombeau!—Restons alors, lui dit Manon, car je sens que je vais mourir.—Viens, approche-toi de moi, plus près encore. Pardonne-moi à mon heure dernière, pardonne-moi les tourmens que je t'ai causés : je n'ai jamais aimé que toi, je le jure. — Manon ! Manon ! je te crois.—Eh bien ! nomme-moi ton épouse.—Oui, devant Dieu qui nous contemple, je te nomme ma femme, ma compagne ; et si je te perds je ne te survivrai pas ! Manon ! toujours unis ! n'est-il pas vrai?—Il lui donne son anneau ; elle le porte à ses lèvres, puis à son cœur, lui tend la main et retombe sans mouvement. Des Grieux se jette sur son corps, et cherche à le traîner vers le banc de sable ; épuisé, il s'arrête, baise ses cheveux, ses mains, soulève son corps, semble lui parler comme si elle l'entendait : il écoute ; rien : il met la main sur son cœur ; rien.— Il ne me répond plus.—Égaré, hors de lui, il accuse le ciel, il lui redemande celle qu'il aime ; mais tout est sourd à sa voix... il est seul, seul dans un désert immense... il ne peut plus longtemps supporter le poids de sa douleur ; il est à genoux près de Manon ; il lui prend la main qu'il porte sur son cœur brûlant et cherche par ses baisers à la réchauffer et à la ranimer.

Tout à coup le bruit d'une marche se fait entendre dans le lointain ; Des Grieux effrayé voudrait fuir ; mais il ne peut abandonner Manon, qui est toujours évanouie : pour la dérober au moins à tous les yeux, il jette sur elle le voile blanc qui l'entourait.

6

Le bruit augmente, il approche. Des Grieux distingue le pas des hommes et des chevaux ; il aperçoit avec effroi le cortége du gouverneur qui s'avance ; l'émotion épuise le reste de ses forces. Il veut retourner vers Manon, ses jambes fléchissent ; il se traîne encore vers elle, ses mains la cherchent ; il la trouve enfin ; et faible et mourant il reste près d'elle pour la protéger et la défendre encore.

SCÈNE XI.

LE MARQUIS DE GERVILLE, SYNELET, NIUKA, Nègres, Indiens, Suite du Gouverneur.

Niuka en redescendant le théâtre aperçoit Manon et Des Grieux.

Synelet qui est derrière elle donne ordre de saisir et d'enlever les deux fugitifs. Niuka va se jeter aux pieds du gouverneur ; celui-ci reproche à Synelet sa cruauté, et le bannit de sa présence.

Ranimé par ses paroles, Des Grieux se traîne auprès du gouverneur et implore sa pitié pour Manon ; il lève les yeux vers lui, et quel est son effroi en reconnaissant le marquis de Gerville, son ancien ennemi ! Mais cet ennemi n'en est plus un ! c'est un protecteur, un ami qui veut expier ses anciens torts en unissant Des Grieux à celle qu'il aime. Au comble de la joie celui-ci court près de Manon ; il soulève son voile. O terreur ! elle est inanimée, pâle et déjà glacée ! Le gouverneur porte la main sur son front, et la retire avec effroi. — Morte, dit-il ! — Morte ! s'écrie Des Grieux ; et il tombe sans connaissance sur le corps de Manon.

FIN DU TROSIÈME ET DERNIER ACTE.

www.ingramcontent.com/pod-product-compliance
Lightning Source LLC
LaVergne TN
LVHW022146080426
835511LV00008B/1283